Mix
Genuss
AF537635
PASTA
Saucen
One Pot
IN 10 MIN.
FERTIG!
#express

TOPPINGS

REZEPTÜBERSICHT

BASIC Nudelsaucen

Nudelsaucen BASICS

4 Port.

Tomatensauce

1	gr. rote Zwiebel, halbiert
3	Knoblauchzehen
30 g	Olivenöl
40 g	Butter
1 gr. Dose ganze Tomaten (800 g)	
1 EL	Balsamicoessig, dunkel
75 g	Tomatenmark
2 EL	Oregano, getr.
2 Prisen	Zucker
etwas	Salz & Pfeffer

Zwiebel und Knoblauch im Mixtopf `5 Sek./Stufe 5` zerkleinern. Mit dem Spatel nach unten schieben. Olivenöl und Butter zugeben und `2 Min./100°C/Stufe 1` dünsten.

Tomaten zugeben und `5 Sek./Stufe 5` mixen. Restliche Zutaten zugeben und `7 Min./100°C/Stufe 2` erhitzen.

Pro Port. (4): 263 kcal | 15 g KH | 4 g EW | 20 g Fett

Tipp

Für eine Tomaten-Sahne-Sauce einfach 1 Becher Sahne zugeben. Alternativ geht auch Mascarpone.

Sauce „Alfredo“

70 g	Parmesan, in Stücken
1	Knoblauchzehe
50 g	Butter
75 g	Kochsahne, 15% Fett
100 g	Doppelrahmfrischkäse
1 Prise	Salz
1 Msp.	Pfeffer, gem.
1 TL	ital. Kräuter, getr.
etwas	Petersilie, gehackt

Parmesan im Mixtopf 10 Sek./Stufe 8 reiben. Umfüllen. Knoblauch in den Mixtopf geben und 5 Sek./Stufe 6 hacken. Butter zugeben und 2 Min./80°C/Stufe 2 schmelzen. Restliche Zutaten zugeben und 1:30 Min./80°C/Stufe 3 erhitzen.

Mit der Lieblingspasta vermengen und mit Petersilie bestreut servieren.

Pro Port. (4): 251 kcal I 4 g KH I 8 g EW I 23 g Fett

Quattro Formaggi

1	Knoblauchzehe
20 g	Butter
200 g	Kochsahne, 15% Fett
75 g	Bergkäse, gewürfelt
50 g	Gorgonzola
40 g	geriebener Parmesan
100 g	Doppelrahmfrischkäse
¼ TL	Paprikapulver, rosenscharf
1 Prise	Muskat, gem.
2 Msp.	Pfeffer, gem.
etwas	Salz

Knoblauch in den Mixtopf geben und 5 Sek./Stufe 5 zerkleinern. Mit dem Spatel nach unten schieben.

Butter zugeben und 2 Min./100°C/Stufe 1 dünsten. Sahne zugeben und 3 Min./95°C/Stufe 2 erhitzen. Käsesorten, Frischkäse und Gewürze zugeben und erneut 3 Min./95°C/Stufe 3 erhitzen.

Pro Port. (4): 338 kcal I 4 g KH I 14 g EW I 30 g Fett

Pikant!

SAUCE Arrabiata

2 Port.

2	Knoblauchzehen
1	Chilischote, entkernt
1 EL	Olivenöl
1 Dose	passierte Tomaten (400 g)
50 g	Tomatenmark
50 g	Wasser
1 TL	Meersalz
1 TL	Zucker
½-1 TL	Chiliflocken
1 TL	Oregano, getr.
100 g	Cocktailtomaten, halbiert

4 Port.

3	Knoblauchzehen
1–2	Chilischoten, entkernt
2 EL	Olivenöl
2 Dosen	passierte Tomaten (à 400 g)
100 g	Tomatenmark
100 g	Wasser
2 TL	Meersalz
2 TL	Zucker
1–2 TL	Chiliflocken
2 TL	Oregano, getr.
150–200 g	Cocktailtomaten, halbiert

ZUBEREITUNG

Knoblauch und Chili im Mixtopf **5 Sek./Stufe 6** zerkleinern. Mit dem Spatel nach unten schieben. Öl zugeben und **2 Min./Varoma/Stufe 1** dünsten.

Restliche Zutaten für die Sauce zugeben und das Ganze **8 Min./100°C/Stufe 1** kochen. Mit gehackter Petersilie und geriebenem Parmesan servieren.

Pro Port. (4): 180 kcal | 19 g KH | 5 g EW | 8 g Fett

Lecker zu
Penne

Zum Bestreuen:
1 Handvoll Petersilie und etwas frisch geriebener Parmesan

Tipp

Nach dem Absieben der Nudeln diese wieder in den Topf geben. Sauce aus dem Mixtopf zugeben und dann gut vermengen, sodass auch Sauce in die Nudeln fließt.

VODKA PASTA mit Speck

1–2	Knoblauchzehen
40 g	Katenschinken, gewürfelt
10 g	Olivenöl
15 g	Vodka
½ Dose	stückige Tomaten (200 g)
25 g	Kochsahne, 15% Fett
50 g	Mascarpone
½ TL	Basilikum, getr.
½ TL	Paprikapulver, edelsüß
etwas	Meersalz
etwas	Pfeffer, frisch gem.
20 g	geriebener Parmesan

4 Port.

2–3	Knoblauchzehen
75 g	Katenschinken, gewürfelt
15 g	Olivenöl
30 g	Vodka
1 Dose	stückige Tomaten (400 g)
50 g	Kochsahne, 15% Fett
100 g	Mascarpone
1 TL	Basilikum, getr.
1 gestr. TL	Paprikapulver, edelsüß
etwas	Meersalz
etwas	Pfeffer, frisch gem.
40 g	geriebener Parmesan

ZUBEREITUNG

Knoblauch im Mixtopf **5 Sek./Stufe 6** zerkleinern. Mit dem Spatel nach unten schieben. Katenschinken und Öl zugeben und **2 Min./Varoma/Stufe 1** dünsten. Mit Vodka ablöschen.

Restliche Zutaten (außer Parmesan) zugeben und das Ganze **7 Min./100°C/Stufe 1** kochen. Zum Schluss Parmesan unterrühren. Mit Nudeln vermengen und kurz ziehen lassen.

Pro Port. (4): 276 kcal | 6 g KH | 11 g EW | 21 g Fett

Lecker zu **Penne**

GEWUSST? Geriffelte Nudeln nehmen mehr Sauce auf als Nudeln mit glatter Oberfläche.

GORGONZOLA Sauce

1	kl. Knoblauchzehe
½	rote Zwiebel
15 g	Butter
100 g	milder Gorgonzola, in Stücken
100 g	Kochsahne, 15% Fett
¼ TL	Meersalz
½ TL	Gemüsebrühpulver
2 Msp.	Pfeffer, gem.
2 Msp.	Muskat, gem.
15 g	Weißwein, trocken

1	Knoblauchzehe
1	kl. rote Zwiebel, halbiert
30 g	Butter
200 g	milder Gorgonzola, in Stücken
200 g	Kochsahne, 15% Fett
½ TL	Meersalz
1 TL	Gemüsebrühpulver
¼ TL	Pfeffer, gem.
¼ TL	Muskat, gem.
25 g	Weißwein, trocken

ZUBEREITUNG

Knoblauch und Zwiebel im Mixtopf **5 Sek./Stufe 6** zerkleinern. Mit dem Spatel nach unten schieben. Butter zugeben und **2 Min./Varoma/Stufe 1** dünsten.

Restliche Zutaten für die Sauce zugeben und das Ganze **6 Min./90°C/Stufe 3** kochen.

Pro Port. (4): 329 kcal I 4 g KH I 12 g EW I 28 g Fett

Lecker zu
Gnocchi

Gnocchi aus dem Kühlregal einfach in einer Pfanne mit Butter 4 Min. anbraten, während die Sauce im Thermomix kocht. Sauce aus dem Mixtopf zugießen und kurz aufkochen.

Tipp

Wer möchte, kann noch Parmaschinken oder Speckwürfel zur Sauce geben.

Al Salmone SAUCE

1 Knoblauchzehe
1 Schalotte
1 Handvoll Petersilie
200 g Schmand
25 g Tomatenmark
25 g Milch
½ TL Gemüsebrühpulver
½ TL Salz
etwas Pfeffer, frisch gem.
100 g Räucherlachs, klein geschnitten
100 g Cocktailtomaten, geviertelt

4 Port.

2 Knoblauchzehen
2 Schalotten
1 gr. Handvoll Petersilie
400 g Schmand
50 g Tomatenmark
50 g Milch
1 TL Gemüsebrühpulver
1 TL Salz
etwas Pfeffer, frisch gem.
200 g Räucherlachs, klein geschnitten
200 g Cocktailtomaten, geviertelt

ZUBEREITUNG

Knoblauchzehe, Schalotte und Petersilie im Mixtopf **5 Sek./Stufe 6** zerkleinern.

Restliche Zutaten für die Sauce zugeben und das Ganze **5 Min./80°C/Stufe 1** erhitzen.
Sauce mit Pasta nach Wahl servieren und genießen.

Pro Port. (4): 383 kcal | 10 g KH | 16 g EW | 37 g Fett

Lecker zu Spinatnudeln

Varianten:

Anstelle von Lachs können Sie auch klein geschnittenen Kochschinken verwenden. Für eine vegetarische Variante verwenden Sie fein gehobelte Champignons.

PILZRAHM-Sauce

1	kl. Knoblauchzehe
½	rote Zwiebel
125 g	Champignons
30 g	Olivenöl
100 g	Kochsahne, 15% Fett
120 g	Milch
75 g	Doppelrahmfrischkäse
½ TL	Meersalz
¼ TL	Paprikapulver, edelsüß
2 Msp.	Pfeffer, gem.
1 TL	Sojasauce
etwas	gehackte Petersilie

4 Port.

1	Knoblauchzehe
1	rote Zwiebel, halbiert
250 g	Champignons
50 g	Olivenöl
200 g	Kochsahne, 15% Fett
240 g	Milch
150 g	Doppelrahmfrischkäse
1 TL	Meersalz
½ TL	Paprikapulver, edelsüß
¼ TL	Pfeffer, gem.
2 TL	Sojasauce
etwas	gehackte Petersilie

ZUBEREITUNG

Knoblauch und Zwiebel im Mixtopf **5 Sek./Stufe 6** zerkleinern. Mit dem Spatel nach unten schieben. Champignons in dünne Scheiben schneiden. Zusammen mit Öl zugeben und **2 Min./Varoma/Linkslauf/Stufe 1** dünsten.

Restliche Zutaten für die Sauce zugeben und das Ganze **6 Min./90°C/Linkslauf/Stufe 3** kochen.

Pro Port. (4): 328 kcal | 8 g KH | 8 g EW | 29 g Fett

Tipp

Auch lecker zu Spätzle und Schupfnudeln oder auch zu Frikadellen mit Kartoffeln.

Al Limone SAUCE

2	Knoblauchzehen
20 g	Olivenöl
150 g	Kochsahne, 15% Fett
50 g	Milch
1	Bio-Zitrone, Saft und Schalenabrieb davon
60 g	Parmesan
1 Prise	Salz
etwas	Pfeffer, frisch gem.
1 Handvoll Rucola	

4 Port.

3	Knoblauchzehen
30 g	Olivenöl
300 g	Kochsahne, 15% Fett
100 g	Milch
2	Bio-Zitronen, Saft und Schalenabrieb davon
120 g	Parmesan
½ TL	Salz
¼ TL	Pfeffer, frisch gem.
1 gr. Handvoll Rucola	

ZUBEREITUNG

Knoblauch im Mixtopf **5 Sek./Stufe 6** zerkleinern. Mit dem Spatel nach unten schieben. Öl zugeben und **2 Min./Varoma/Stufe 1** dünsten.

Restliche Zutaten für die Sauce (außer Rucola) zugeben und das Ganze **6 Min./90°C/Stufe 3** kochen. Rucola mit Sauce und Nudeln vermengen. Ggf. mit Pfeffer noch einmal abschmecken.

Pro Port. (4): 321 kcal I 7 g KH I 14 g EW I 26 g Fett

Lecker zu
Tagliatelle

American CHEESE PASTA

2 Port.

150 g	Cheddarkäse, in Stücken
50 g	Parmesan, in Stücken
1	Knoblauchzehe
100 g	Doppelrahmfrischkäse
1 EL	Olivenöl
1 Port.	Senf, mittelscharf (haselnussgroß)
1 TL	Paprikapulver, edelsüß
1 TL	Balsamicoessig, dunkel
etwas	Salz & Pfeffer
50 g	heißes Nudelwasser

4 Port.

300 g	Cheddarkäse, in Stücken
100 g	Parmesan, in Stücken
2	Knoblauchzehen
200 g	Doppelrahmfrischkäse
2 EL	Olivenöl
1 Port.	Senf, mittelscharf (walnussgroß)
2 TL	Paprikapulver, edelsüß
2 TL	Balsamicoessig, dunkel
etwas	Salz & Pfeffer
100 g	heißes Nudelwasser

ZUBEREITUNG

Cheddar und Parmesan im Mixtopf `7 Sek./Stufe 7` zerkleinern. Umfüllen. Knoblauch im Mixtopf `5 Sek./Stufe 5` hacken. Öl zugeben und `1 Min./Varoma/Stufe 1` dünsten.

Restliche Zutaten und geriebenen Käse wieder zugeben und das Ganze `5-6 Min./90°C/Stufe 3` erhitzen. Sauce mit Pasta nach Wahl servieren und genießen.

Pro Port. (4): 580 kcal | 5 g KH | 32 g EW | 48 g Fett

Tipp

Sauce mit gekochter Pasta vermengen und mit zusätzlich geriebenen Cheddar bestreuen. Etwas Paprikapulver darüber streuen und im Backofen bei 180°C Umluft 15 Min. gratinieren.

Lachs-Tomaten SAUCE

2	Knoblauchzehen
15 g	Olivenöl
100 g	Kochsahne, 15% Fett
100 g	Milch
200 g	passierte Tomaten
1 EL	Tomatenmark
1–2 TL	Gemüsebrühpulver
1 TL	Oregano, getr.
etwas	Salz & Pfeffer
200 g	frisches Lachsfilet, in Würfel geschnitten
100 g	Cocktailtomaten, halbiert

4 Port.

3	Knoblauchzehen
30 g	Olivenöl
200 g	Kochsahne, 15% Fett
200 g	Milch
400 g	passierte Tomaten
2 EL	Tomatenmark
3 TL	Gemüsebrühpulver
2 TL	Oregano, getr.
etwas	Salz & Pfeffer
400 g	frisches Lachsfilet, in Würfel geschnitten
200 g	Cocktailtomaten, halbiert

ZUBEREITUNG

Knoblauch im Mixtopf **5 Sek./Stufe 6** zerkleinern. Mit dem Spatel nach unten schieben. Öl zugeben und **2 Min./Varoma/Stufe 1** dünsten. Restliche Zutaten (außer Lachs und Cocktailtomaten) zugeben und **3 Sek./Stufe 3** mischen.

Lachswürfel und Cocktailtomaten zugeben und das Ganze **7 Min./100°C/Linkslauf/Stufe 0.5** kochen.
Mit Nudeln mischen und servieren.

Pro Port. (4): 433 kcal | 15 g KH | 26 g EW | 29 g Fett

Lecker zu
Tagliatelle

Sauce ALLA PANNA

1	Knoblauchzehe
30 g	Parmesan, in Stücken
150 g	Kochsahne, 15% Fett
40 g	Milch
20 g	Wasser
½ TL	Gemüsebrühpulver
100 g	Kochschinken, in Würfel geschnitten
50 g	Erbsen, TK
etwas	Salz & Pfeffer

4 Port.

2	Knoblauchzehen
60 g	Parmesan, in Stücken
300 g	Kochsahne, 15% Fett
80 g	Milch
40 g	Wasser
1 TL	Gemüsebrühpulver
200 g	Kochschinken, in Würfel geschnitten
100 g	Erbsen, TK
etwas	Salz & Pfeffer

ZUBEREITUNG

Knoblauch und Parmesan in den Mixtopf geben und **8 Sek./Stufe 8** zerkleinern.

Restliche Zutaten zugeben und das Ganze **9 Min./95°C/Linkslauf/Stufe 1** kochen. Sauce mit Nudeln vermengen, kurz ziehen lassen und servieren.

Pro Port. (4): 271 kcal I 9 g KH I 20 g EW I 17 g Fett

Lecker zu **Bavette**

Tipp

Passt auch sehr gut zu Tortellini. Wer möchte, kann noch Petersilie dazugeben.

SERRANO Sauce

1	Knoblauchzehe
1	Schalotte
60 g	Serranoschinken, in Streifen geschnitten
75 g	rote Paprika, klein gewürfelt
20 g	Olivenöl
200 g	Tomaten, in Würfel geschnitten
1	Frühlingszwiebel, in Ringe geschnitten
50 g	Tomatenmark
50 g	Wasser
½ TL	Paprikapulver, edelsüß
½ TL	Gemüsebrühpulver
1 TL	Basilikum, getr.
1 TL	Oregano, getr.
etwas	Salz & Pfeffer

4 Port.

2	Knoblauchzehen
2	Schalotten
120 g	Serranoschinken, in Streifen geschnitten
150 g	rote Paprika, klein gewürfelt
40 g	Olivenöl
400 g	Tomaten, in Würfel geschnitten
2	Frühlingszwiebeln, in Ringe geschnitten
100 g	Tomatenmark
100 g	Wasser
1 TL	Paprikapulver, edelsüß
1 TL	Gemüsebrühpulver
2 TL	Basilikum, getr.
2 TL	Oregano, getr.
etwas	Salz & Pfeffer

ZUBEREITUNG

Knoblauch und Schalotte im Mixtopf **5 Sek./Stufe 6** zerkleinern. Serranoschinken, Paprika und Öl zugeben und **2 Min./Varoma/Stufe 1** dünsten.

Restliche Zutaten für die Sauce zugeben und das Ganze **7 Min./100°C/Stufe 1** erhitzen. Sauce mit Pasta nach Wahl servieren und genießen.

Pro Port. (4): 250 kcal I 14 g KH I 13 g EW I 14 g Fett

Tipp

Diese Sauce passt auch zu gebratenem Fleisch z.B. zu Putengeschnetzeltem mit Reis.

Tuscan Tuna SAUCE

1	kl. rote Zwiebel
2	Knoblauchzehen
20 g	Olivenöl
1 TL	Zucker
1 Dose	passierte Tomaten (400 g)
30 g	Tomatenmark
50 g	Crème fraîche
30 g	Kochsahne, 15% Fett
je 1 TL	Oregano, getr., Majoran, getr., Salz
¼ TL	Pfeffer, gem.
2 TL	Zitronensaft
1 Handvoll	Petersilie, gehackt
2	gegrillte Paprika (Glas), in Streifen geschnitten
1 Glas	Thunfischfilets (Abtr.gew. 120 g)

4 Port.

1	rote Zwiebel, halbiert
3	Knoblauchzehen
30 g	Olivenöl
1 geh. TL	Zucker
2 Dosen	passierte Tomaten (à 400 g)
60 g	Tomatenmark
100 g	Crème fraîche
60 g	Kochsahne, 15% Fett
je 2 TL	Oregano, getr., Majoran, getr., Salz
½ TL	Pfeffer, gem.
3 TL	Zitronensaft
1 gr. Handvoll	Petersilie, gehackt
3–4	gegrillte Paprika (Glas), in Streifen geschnitten
2 Gläser	Thunfischfilets (Abtr.gew. à 120 g)

ZUBEREITUNG

Zwiebel und Knoblauch im Mixtopf **5 Sek./Stufe 6** zerkleinern. Mit dem Spatel nach unten schieben. Olivenöl und Zucker zugeben und **3 Min./Varoma/Stufe 1** dünsten. Restliche Zutaten (außer Thunfischfilets) zugeben und **5 Min./100°C/Sanftrührstufe** kochen.

Thunfisch mit den Händen zerrupfen und zugeben. Mit dem Spatel unterrühren und 2 Min. ziehen lassen. Sauce mit Pasta servieren.

Pro Port. (4): 404 kcal I 22 g KH I 20 g EW I 25 g Fett

Lecker zu
Spaghetti

SALSICCIA Sauce mit Fenchel

1	Knoblauchzehe
1	kl. Schalotte
½	Fenchelknolle
2	Salsiccia-Würste (à 80 g), altern. grobe Bratwürste
15 g	Olivenöl
100 g	Kochsahne, 15% Fett
15 g	geriebener Parmesan
2–3 Spritzer	Limettensaft
1 TL	Tomatenmark
etwas	gehackte Petersilie
¼ TL	Chiliflocken
¼ TL	Pfeffer, gem.
¼ TL	Paprikapulver, edelsüß
1 TL	Majoran, getr.
etwas	Salz

4 Port.

2	Knoblauchzehen
1	Schalotte
1	kl. Fenchelknolle
4	Salsiccia-Würste (à 80 g), altern. grobe Bratwürste
25 g	Olivenöl
200 g	Kochsahne, 15% Fett
30 g	geriebener Parmesan
1 TL	Limettensaft
1 EL	Tomatenmark
etwas	gehackte Petersilie
½ TL	Chiliflocken
½ TL	Pfeffer, gem.
½ TL	Paprikapulver, edelsüß
2 TL	Majoran, getr.
etwas	Salz

ZUBEREITUNG

Knoblauch, Schalotte und Fenchel im Mixtopf **5 Sek./Stufe 6** zerkleinern. Salsiccia ohne Haut sowie Öl zugeben und **3 Min./Varoma/Stufe 1.5** dünsten. Restliche Zutaten für die Sauce zugeben und das Ganze **7 Min./100°C/Linkslauf/Stufe 1** erhitzen. Sauce mit Pasta nach Wahl servieren und genießen.

Pro Port. (4): 387 kcal | 7 g KH | 21 g EW | 30 g Fett

Tipp

Für eine schöne Optik die fertige Pasta mit etwas Fenchelgrün bestreuen. Dazu können Sie noch geriebenen Parmesan servieren.

Variante

Anstatt Sahne können Sie auch passierte Tomaten verwenden.

Info

Unter Salsiccia versteht man im deutschsprachigen Raum eine italienische grobkörnige Rohwurst. Sie ähnelt in Struktur und Geschmack oft einer deutschen groben Bratwurst.

Buffalo Chicken SAUCE

2 Port.

½	rote Peperoni, entkernt
1	Knoblauchzehe
1	Schalotte
20 g	Butter
150 g	Hähnchenminutensteaks, in Streifen geschnitten
½ TL	Paprikapulver, geräuchert
¼ TL	Knoblauch, granuliert
2 Msp.	Cayennepfeffer, gem.
½ TL	Oregano, getr.
¼ TL	Salz
etwas	Pfeffer, frisch gem.
100 g	passierte Tomaten
60 g	Doppelrahmfrischkäse
½ TL	Gemüsebrühpulver
40 g	Wasser
40 g	getr. Softtomaten, in Streifen geschnitten
25–40 g	geriebener Mozzarella

4 Port.

1	rote Peperoni, entkernt
2	Knoblauchzehen
2	Schalotten
30 g	Butter
300 g	Hähnchenminutensteaks, in Streifen geschnitten
1 TL	Paprikapulver, geräuchert
½ TL	Knoblauch, granuliert
¼ TL	Cayennepfeffer, gem
1 TL	Oregano, getr.
½ TL	Salz
etwas	Pfeffer, frisch gem.
200 g	passierte Tomaten
120 g	Doppelrahmfrischkäse
1 geh. TL	Gemüsebrühpulver
80 g	Wasser
75 g	getr. Softtomaten, in Streifen geschnitten
50–80 g	geriebener Mozzarella

ZUBEREITUNG

Peperoni, Knoblauch und Schalotte im Mixtopf **5 Sek./Stufe 6** zerkleinern. Mit dem Spatel nach unten schieben. Butter, Hähnchen und alle Gewürze zugeben und **2 Min./Varoma/Stufe 1** dünsten. Mit dem Spatel das Fleisch vom Messer lösen. Passierte Tomaten, Frischkäse, Gemüsebrühpulver und Wasser zugeben und **7 Min./100°C/Linkslauf/Stufe 1.5** garen. Tomaten und Mozzarella mit dem Spatel unterrühren. Mit Pasta vermengen. Fertig!

Pro Port. (4): 300 kcal | 9 g KH | 25 g EW | 13 g Fett

Lecker zu
Penne
Tipp
Da die Sauce sehr dickflüssig ist, passt sie auch gut zu Kartoffelrösti oder zu Reis.

SAUCE alla puttanesca

½	rote Zwiebel
1	Knoblauchzehe
1	kl. rote Peperoni, entkernt
½ TL	Zucker
10 g	Olivenöl
15 g	Kapern
50 g	Oliven, entsteint, geviertelt o. in Scheiben
1 TL	Balsamicoessig, dunkel
2	Sardellenfilets
1 Dose	geschälte Tomaten (400 g)
½ TL	Oregano, getr.
etwas	Petersilie gehackt
½ TL	Meersalz
etwas	Pfeffer, frisch gem.

1	rote Zwiebel, halbiert
2	Knoblauchzehen
1	rote Peperoni, entkernt
1 TL	Zucker
20 g	Olivenöl
30 g	Kapern
100 g	Oliven, entsteint, geviertelt o. in Scheiben
1–2 TL	Balsamicoessig, dunkel
4	Sardellenfilets
2 Dosen	geschälte Tomaten (à 400 g)
1 TL	Oregano, getr.
1 Handvoll	Petersilie gehackt
1 gestr. TL	Meersalz
etwas	Pfeffer, frisch gem.

ZUBEREITUNG

Zwiebel, Knoblauch und Peperoni im Mixtopf **5 Sek./Stufe 6** zerkleinern. Mit dem Spatel nach unten schieben. Zucker und Öl zugeben und **2 Min./Varoma/Stufe 1** dünsten.

Restliche Zutaten für die Sauce zugeben und das Ganze **7 Min./100°C/Stufe 1** kochen. Anschließend **3 Sek./Linkslauf/Stufe 3** vermengen.

Pro Port. (4): 164 kcal I 14 g KH I 5 g EW I 9 g Fett

Tipp

Vor dem Servieren mit frisch geriebenem Parmesan bestreuen.

Creamy Avocado SAUCE

1	gr. Avocado
1	Knoblauchzehe
100 g	Nudelwasser
100 g	Kochsahne, 15%
½	Zitrone, Saft davon
30 g	geriebener Parmesan
etwas	Salz & Pfeffer

4
Port.

2	Avocados
2	Knoblauchzehen
200 g	Nudelwasser
200 g	Kochsahne, 15%
1	Zitrone, Saft davon
60 g	geriebener Parmesan
etwas	Salz & Pfeffer

ZUBEREITUNG

Avocado-Fruchtfleisch und Knoblauch im Mixtopf **5 Sek./Stufe 5** zerkleinern. Restliche Zutaten zugeben und **15 Sek./Stufe 9** mixer.

Mit dem Spatel nach unten schieben und **20 Sek./Stufe 4** cremig rühren. Die Sauce muss nicht erhitzt werden, sondern wird einfach mit der heißen Pasta vermengt.

Variante:

Etwas frischen Blattspinat oder Bärlauch in Butter anschwitzen und unter die Pasta mischen.

Pro Port. (4): 343 kcal | 6 g KH | 9 g EW | 28 g Fett

Tipp

Wer möchte, kann noch geröstete Pinienkerne oder gehackte Walnüsse darüber streuen.

Auch zerbröselter Fetakäse passt sehr gut zur Pasta.

Al Scampi SAUCE

3	Knoblauchzehen
1	rote Peperoni, entkernt
1 Handvoll	Petersilie
2 EL	Olivenöl
100 g	Kochsahne, 15% Fett
100 g	passierte Tomaten
100 g	Partygarnelen*
2 EL	Zitronensaft
1 TL	Kräuter der Provence, getr.
1 TL	Weißweinessig
etwas	Salz & Pfeffer

4 Port.

5	Knoblauchzehen
2	rote Peperoni, entkernt
2 Handvoll	Petersilie
50 g	Olivenöl
200 g	Kochsahne, 15% Fett
200 g	passierte Tomaten
200 g	Partygarnelen*
40 g	Zitronensaft
2 TL	Kräuter der Provence, getr.
2 TL	Weißweinessig
etwas	Salz & Pfeffer

ZUBEREITUNG

Knoblauch, Peperoni und Petersilie in den Mixtopf geben und **5 Sek./Stufe 6** zerkleinern. Restliche Zutaten zugeben und **7 Min./Linkslauf/100°C/Stufe 1** erhitzen. Sauce mit der Pasta vermengen und servieren.

**Bereits gegart und küchenfertig aus dem Kühlregal. Wenn Sie TK-Garnelen verwenden, diese erst auftauen lassen.*

Pro Port. (4): 262 kcal | 6 g KH | 12 g EW | 20 g Fett

Tipp

Wer möchte, kann noch einige halbierte Cocktailtomaten untermischen.

Zucchini Spinat SAUCE

2 Port.	
1	kl. Knoblauchzehe
½	rote Zwiebel
4–5	Basilikumblätter
125 g	Zucchini, in kleine Würfel geschnitten
150 g	Cocktailtomaten, halbiert
50 g	getr. Softtomaten, in Streifen geschnitten
75 g	Crème fraîche
50 g	Wasser
1 TL	Balsamicoessig, dunkel
1 TL	Gemüsebrühpulver
90 g	Fetakäse, von Hand zerbröselt
1 Handvoll	Babyspinatblätter
etwas	Salz & Pfeffer

4 Port.	
2	Knoblauchzehen
1	rote Zwiebel, halbiert
8–10	Basilikumblätter
250 g	Zucchini, in kleine Würfel geschnitten
300 g	Cocktailtomaten, halbiert
100 g	getr. Softtomaten, in Streifen geschnitten
150 g	Crème fraîche
100 g	Wasser
2 TL	Balsamicoessig, dunkel
2 TL	Gemüsebrühpulver
180 g	Fetakäse, von Hand zerbröselt
1 gr. Handvoll	Babyspinatblätter
etwas	Salz & Pfeffer

ZUBEREITUNG

Knoblauch, Zwiebel und Basilikum im Mixtopf **5 Sek./Stufe 6** zerkleinern. Restliche Zutaten (außer Fetakäse) zugeben und das Ganze **9 Min./100°C/Linkslauf/Stufe 1** kochen.

Feta zugeben, vermengen und mit Pasta servieren.

Pro Port. (4): 272 kcal I 16 g KH I 13 g EW I 17 g Fett

Lecker zu
Tortellini

Tomaten Mascarpone SAUCE

½	rote Zwiebel
1	Knoblauchzehe
75 g	TK-Erbsen
50 g	Wasser
125 g	Mascarpone
1 Dose	stückige o. passierte Tomaten (400 g)
1 TL	Oregano, getr.
etwas	Salz & Pfeffer
etwas	Chiliflocken
etwas	Paprikapulver, edelsüß

4 Port.

1	rote Zwiebel, halbiert
2	Knoblauchzehen
150 g	TK-Erbsen
100 g	Wasser
250 g	Mascarpone
2 Dosen	stückige o. passierte Tomaten (à 400 g)
2 TL	Oregano, getr.
etwas	Salz & Pfeffer
etwas	Chiliflocken
etwas	Paprikapulver, edelsüß

ZUBEREITUNG

Zwiebel und Knoblauch im Mixtopf **5 Sek./Stufe 6** zerkleinern. Erbsen und Wasser zugeben und **2 Min./Varoma/Stufe 1** erhitzen. Restliche Zutaten zugeben und **8 Min./100°C/Linkslauf/Stufe 1** garen.

Mit gekochten Nudeln vermengen und genießen.

Pro Port. (4): 356 kcal | 18 g KH | 9 g EW | 27 g Fett

Variante

Wer möchte, kann noch etwas Kochschinken in Würfel geschnitten zugeben. Alternativ etwas Hack anbraten und untermischen.

CALABRESE Sauce

1	Schalotte
1	Knoblauchzehe
150 g	rote Paprika, in Stücken
200 g	Tomaten, in Stücken
15 g	Tomatenmark
15 g	Milch
10 g	Olivenöl
½ TL	Oregano, getr.
½ TL	Basilikum, getr.
etwas	Pfeffer, gem.
1 TL	Gemüsebrühpulver
etwas	Chiliflocken
1 Prise	Zucker
75 g	Doppelrahmfrischkäse
15 g	geriebener Parmesan

4 Port.

2	Schalotten
2	Knoblauchzehen
300 g	rote Paprika, in Stücken
400 g	Tomaten, in Stücken
30 g	Tomatenmark
30 g	Milch
1 EL	Olivenöl
1 TL	Oregano, getr.
1 TL	Basilikum, getr.
etwas	Pfeffer, gem.
1 gestr. EL	Gemüsebrühpulver
½ TL	Chiliflocken
1 Prise	Zucker
150 g	Doppelrahmfrischkäse
30 g	geriebener Parmesan

ZUBEREITUNG

Schalotten, Knoblauch, Paprika und Tomaten im Mixtopf **5 Sek./Stufe 6** zerkleinern.

Restliche Zutaten (außer Frischkäse & Parmesan) zugeben und **10 Sek./Stufe 9** pürieren. Dann **8 Min./100°C/Stufe 2** kochen. Frischkäse und Parmesan zugeben und **20 Sek./Stufe 10** pürieren. Mit Pasta mischen und servieren.

Pro Port. (4): 228 kcal | 15 g KH | 8 g EW | 14 g Fett

Lecker zu **Muschelnudeln**

Tipp

Wer möchte, kann noch etwas Fetakäse über die fertige Pasta geben!

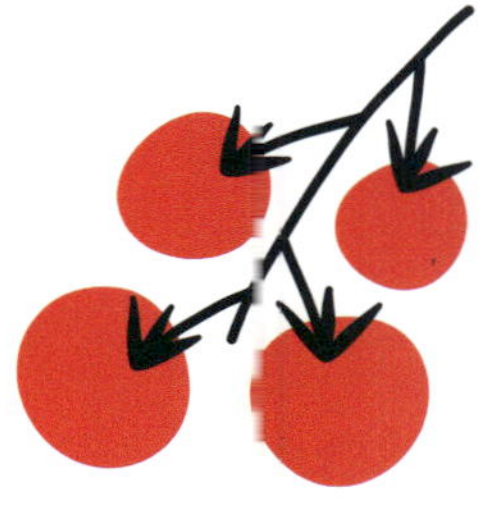

PESTO mit Kürbiskernen & Pekannüssen
Nuts & Tomato

½	rote Peperoni, entkernt
1	Knoblauchzehe
50 g	getrocknete Tomaten (Softtomaten)
15 g	Kürbiskerne
15 g	Pekannusskerne
15 g	Parmesan
40 g	Olivenöl
40 g	Doppelrahmfrischkäse
50 g	Nudelwasser
7–8 g	Tomatenmark
15 g	Sahne
etwas	Pfeffer, frisch gem.

4 Port.

1	rote Peperoni, entkernt
2	Knoblauchzehen
100 g	getrocknete Tomaten (Softtomaten)
30 g	Kürbiskerne
30 g	Pekannusskerne
30 g	Parmesan
75 g	Olivenöl
75 g	Doppelrahmfrischkäse
100 g	Nudelwasser
15 g	Tomatenmark
30 g	Sahne
etwas	Pfeffer, frisch gem.

ZUBEREITUNG

Peperoni, Knoblauchzehen, Tomaten, Kürbiskerne, Pekannusskerne und Parmesan im Mixtopf `10 Sek./Stufe 7` zerkleinern.

Restliche Zutaten zugeben und `10 Sek./Stufe 3` vermengen. Pesto mit den gekochten Nudeln gut vermengen.

Pro Port. (4): 381 kcal | 6 g KH | 9 g EW | 35 g Fett

Lecker zu **Rigatoni**

Tipp

Dazu passen sehr gut Cocktailtomaten aus dem Ofen. Diese halbieren, mit Salz, Zucker und ital. Kräutern würzen und mit Öl beträufeln. Für 15 Min. bei 180°C in den Ofen geben. Zur Pasta servieren.

Alpen-CARBONARA

1	Knoblauchzehe
50 g	Parmesan
3	Eigelb
50 g	Kochsahne, 15% Fett
2 EL	Nudelwasser (20 g)
1 EL	Schmand, leicht gehäuft
50 g	Südtiroler Speck, in Scheiben
etwas	gehackte Petersilie
1 EL	Röstzwiebeln

4 Port.

2	Knoblauchzehen
100 g	Parmesan
6	Eigelb
100 g	Kochsahne, 15% Fett
4 EL	Nudelwasser (40 g)
2 EL	Schmand, leicht gehäuft
100 g	Südtiroler Speck, in Scheiben
etwas	gehackte Petersilie
2 EL	Röstzwiebeln

ZUBEREITUNG

Knoblauch und Parmesan **15 Sek./Stufe 9** zerkleinern. Eigelb, Sahne, Nudelwasser und Schmand zugeben und **10 Sek./Stufe 4** mixen. In eine Schüssel umfüllen.

Speck klein schneiden und zusammen mit Petersilie und Röstzwiebeln zugeben. Mit Salz und Pfeffer würzen. Gekochte Nudeln absieben und ca. 1 Min. abkühlen lassen. Nudeln in die Schüssel geben und alles gut vermengen.

Pro Port. (4): 354 kcal | 5 g KH | 23 g EW 28 g Fett

Lecker zu

Tortiglioni

Auch super lecker mit Spätzle anstatt Nudeln.

Tipp

Reiben Sie noch etwas Bergkäse über die fertige Pasta. Alternativ können Sie auch Katenschinkenwürfel verwenden.

1	Knoblauchzehe
2	Tomaten
1 EL	Olivenöl
1 TL	Zucker
½ TL	Salz
2 EL	rotes Pesto
1 EL	Tomatenmark
100 g	Kochsahne, 15% Fett
50 g	Nudelwasser
etwas	Pfeffer, gem.
etwas	Rucola, klein geschnitten
60 g	Mozzarellabällchen, halbiert

4 Port.

2	Knoblauchzehen
4	Tomaten
2 EL	Olivenöl
2 TL	Zucker
1 TL	Salz
4 EL	rotes Pesto
2 EL	Tomatenmark
200 g	Kochsahne, 15% Fett
100 g	Nudelwasser
etwas	Pfeffer, gem.
etwas	Rucola, klein geschnitten
125 g	Mozzarellabällchen, halbiert

ZUBEREITUNG

Knoblauchzehe im Mixtopf **5 Sek./Stufe 5** zerkleinern. Die Hälfte der Tomaten in Würfel schneiden und zusammen mit Öl, Zucker und Salz zugeben. **2 Min./Varoma/Stufe 1** dünsten. Pesto, Tomatenmark, Sahne, Nudelwasser und Pfeffer zugeben und **4 Min./100°C/Stufe 1** erhitzen.

Restliche Tomaten in Würfel schneiden. Nudeln mit Tomatenwürfel, Rucola und Mozzarellabällchen sowie Sauce aus dem Mixtopf mischen.

Pro Port. (4): 318 kcal I 12 g KH I 10 g EW I 25 g Fett

Tipp

Für eine schöne Optik können Sie noch weitere Kleckse Pesto auf die fertige Pasta geben.

Zucchini e Curry SAUCE

1	Knoblauchzehe
½	rote Zwiebel
80 g	Lauch, in Ringe geschnitten
200 g	Zucchini, klein gewürfelt
2 TL	Currypulver
25 g	Olivenöl
1 TL	Gemüsebrühpulver
200 g	Kochsahne, 15% Fett
25 g	geriebener Parmesan
1 EL	Limettensaft
1 TL	Sojasauce
etwas	Salz & Pfeffer
125 g	Mascarpone

2	Knoblauchzehen
1	kl. rote Zwiebel
160 g	Lauch, in Ringe geschnitten
400 g	Zucchini, klein gewürfelt
4 TL	Currypulver
35 g	Olivenöl
2 TL	Gemüsebrühpulver
400 g	Kochsahne, 15% Fett
50 g	geriebener Parmesan
2 EL	Limettensaft
2 TL	Sojasauce
etwas	Salz & Pfeffer
250 g	Mascarpone

ZUBEREITUNG

Knoblauch und Zwiebel im Mixtopf **5 Sek./Stufe 5** zerkleinern. Lauch und Zucchini zugeben. Curry und Öl zugeben und **3 Min./Varoma/Linkslauf/Stufe 1** dünsten.

Restliche Zutaten (außer Mascarpone) zugeben und **6 Min./100°C/Linkslauf/Stufe 0.5** kochen. Mascarpone zugeben und **6 Sek./Linkslauf/Stufe 2** mischen.

Pro Port. (4): 588 kcal | 14 g KH | 14 g EW | 52 g Fett

Tipp

Die Sauce schmeckt auch sehr lecker zu Puten- oder Hähnchengeschnetzeltem mit Reis.

Variante

Anstelle von Mascarpone können Sie auch Crème fraîche verwenden.

SAUCE Parmigiano

100 g Parmesan
2–3 Knoblauchzehen
30 g Butter
150 g Kochsahne, 15% Fett
50 g Milch
etwas Salz & Pfeffer
1 kl. Handvoll Petersilie, gehackt

200 g Parmesan
4 Knoblauchzehen
60 g Butter
300 g Kochsahne, 15% Fett
100 g Milch
etwas Salz & Pfeffer
1 gr. Handvoll Petersilie, gehackt

ZUBEREITUNG

Parmesan in Stücken in den Mixtopf geben und `10 Sek./Stufe 9` reiben. Umfüllen.

Knoblauch im Mixtopf `5 Sek./Stufe 5` hacken. Mit dem Spatel nach unten schieben. Butter zugeben und `2 Min./100°C/Stufe 1` dünsten. Sahne, Milch, geriebenen Parmesan und etwas Salz & Pfeffer zugeben und `3 Min./95°C/Stufe 2` erhitzen. Mit Pasta und Petersilie mischen.

Variante:

Für leckere Trüffelpasta einfach 2–3 EL Trüffelpaste unter die Soße mischen.

Pro Port. (4): 439 kcal | 8 g KH | 21 g EW | 37 g Fett

Lecker zu Spaghetti

Tipp

Wer mag kann noch Speckwürfel oder Schinken untermischen.

Cheesy Brokkoli PASTA

1	Knoblauchzehe
1 Handvoll Petersilie	
200 g	Brokkoli, in kleinen Röschen
200 g	Wasser
125 g	Kochsahne, 15% Fett
2 TL	grünes Pesto
1 TL	Gemüsebrühpulver
1 TL	Zwiebel, granuliert
½ TL	Salz
¼ TL	Pfeffer, gem.
etwas	Muskat, gem.
60 g	geriebener Mozzarella

4 Port.

2	Knoblauchzehen
2 Handvoll Petersilie	
400 g	Brokkoli, in kleinen Röschen
400 g	Wasser
250 g	Kochsahne, 15% Fett
4 TL	grünes Pesto
2 TL	Gemüsebrühpulver
2 TL	Zwiebel, granuliert
1 TL	Salz
½ TL	Pfeffer, gem.
etwas	Muskat, gem.
120 g	geriebener Mozzarella

ZUBEREITUNG

Knoblauch und Petersilie im Mixtopf **5 Sek./Stufe 5** zerkleinern. Brokkoli zugeben und **10 Sek./Stufe 4** zerkleinern. Restliche Zutaten (außer Mozzarella) zugeben und **7-8 Min./100°C/Sanftrührstufe** kochen. Sauce und Mozzarella über die heißen Nudeln geben und gut vermengen.

Pro Port. (4): 282 kcal | 11 g KH | 14 g EW | 20 g Fett

Mit Kürbiskernen bestreut servieren!

Thai-Curry SAUCE

1	Knoblauchzehe
30 g	Karotte
30 g	Frühlingszwiebel
30 g	grüne Paprika
250 g	cremige Kokosmilch
2–3 TL	rote Thaicurrypaste, mild
½ TL	Ingwer, gem.
½ TL	Currypulver
½ TL	Gemüsebrühpulver
1 EL	Sojasauce
etwas	Salz & Pfeffer

4 Port.

2	Knoblauchzehen
60 g	Karotte
60 g	Frühlingszwiebel
60 g	grüne Paprika
400 g	cremige Kokosmilch
4 TL	rote Thaicurrypaste, mild
1 TL	Ingwer, gem.
1 TL	Currypulver
1 TL	Gemüsebrühpulver
2 EL	Sojasauce
etwas	Salz & Pfeffer

ZUBEREITUNG

Knoblauch, Karotte, Frühlingszwiebel und Paprika im Mixtopf **5 Sek./Stufe 4.5** zerkleinern. Restliche Zutaten zugeben und **5 Min./100°C/Linkslauf/Stufe 1** garen.

Sauce mit den gegarten Nudeln vermengen und servieren.

Pro Port. (4): 226 kcal | 6 g KH | 4 g EW | 20 g Fett

Tipp

Sie können auch Garnelen zugeben. Diese einfach in der Sauce mit erwärmen.

SAUCE Fantastico

2 Port.

½	rote Zwiebel
30 g	grüne Spitzpaprika
50 g	Salami
15 g	Olivenöl
200 g	Pizzasauce (z. B. von Mutti)
100 g	Doppelrahmfrischkäse
1 EL	Kräuter der Provence, getr.
1 TL	Zwiebelpulver
etwas	Salz & Pfeffer

4 Port.

1	rote Zwiebel, halbiert
60 g	grüne Spitzpaprika
100 g	Salami
25 g	Olivenöl
400 g	Pizzasauce (z. B. von Mutti)
200 g	Doppelrahmfrischkäse
2 EL	Kräuter der Provence, getr.
2 TL	Zwiebelpulver
etwas	Salz & Pfeffer

Zwiebel und Paprika in feine Streifen schneiden. Salami in Würfel schneiden. Zwiebel, Paprika und Salami in den Mixtopf geben. Öl zugeben und **2 Min./Varoma/Stufe 1** dünsten. Restliche Zutaten zugeben und **4 Min./100°C/Linkslauf/Stufe 1** erhitzen. Sauce mit Pasta vermengen und servieren.

Variante:

Anstelle von Salami können Sie auch Schinken verwenden. Wer möchte, kann auch noch ein paar Mini-Champignonköpfe aus dem Glas zugeben.

Pro Port. (4): 339 kcal | 15 g KH | 13 g EW | 24 g Fett

Tipp

Als Vegetarier können Sie vegetarische Salami oder Champignonscheiben und zusätzlich etwas geräuchertes Paprikapulver verwenden.

SAUCE al pesto e pomodori

2 Port.

5	Basilikumblätter
1	Knoblauchzehe
1	Schalotte
30 g	Parmesan
1 TL	Oregano, getr.
80 g	Kochsahne, 15% Fett
80 g	passierte Tomaten
40 g	Tomatenmark
80 g	grünes Pesto
¾ TL	Chiliflocken
etwas	Salz & Pfeffer

4 Port.

10	Basilikumblätter
2	Knoblauchzehen
2	Schalotten
60 g	Parmesan
2 TL	Oregano, getr.
160 g	Kochsahne, 15% Fett
160 g	passierte Tomaten
80 g	Tomatenmark
160 g	grünes Pesto
1,5 TL	Chiliflocken
etwas	Salz & Pfeffer

ZUBEREITUNG

Basilikum, Knoblauch, Schalotte in Stücken und Parmesan in den Mixtopf geben und `10 Sek./Stufe 9` zerkleinern. Restliche Zutaten zugeben und `4 Min./90°C/Stufe 2.5` erhitzen. Mit Pasta vermengen.

Pro Port. (4): 372 kcal | 15 g KH | 11 g EW | 29 g Fett

Tipp

Geben Sie etwas Rucola und Cocktailtomaten über die Pasta. Auch lecker mit frischem Burrata.

Sauce zu RAMEN

Info
Ramennudeln werden mit kochendem Wasser überbrüht und ziehen dann 5 Min. im Wasser. Danach absieben.

2 Port.

1	Knoblauchzehe
½	rote Peperoni, entkernt
1	kl. Karotte
½	Frühlingszwiebel
50 g	Sojasauce
2 EL	Ahornsirup
2 EL	Reisessig
½ TL	Currypulver
1 EL	Sesamöl
2 EL	Speisestärke
120 g	Wasser
½ -1 EL	Chili-Garlic-Sauce (z. B. von Bamboo Garden)

4 Port.

2	Knoblauchzehen
1	rote Peperoni, entkernt
1	gr. Karotte
1	Frühlingszwiebel
100 g	Sojasauce
4 EL	Ahornsirup
4 EL	Reisessig
1 TL	Currypulver
2 EL	Sesamöl
4 EL	Speisestärke
240 g	Wasser
1-2 EL	Chili-Garlic-Sauce (z. B. von Bamboo Garden)

ZUBEREITUNG

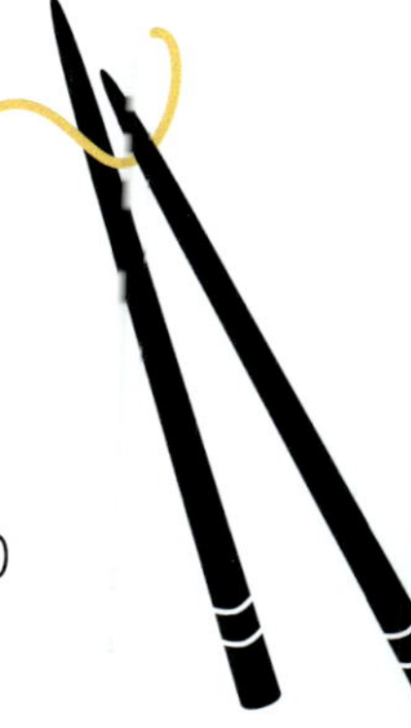

Knoblauch, Peperoni, Karotte und Frühlingszwiebel im Mixtopf **5 Sek./Stufe 6** zerkleinern. Restliche Zutaten zugeben und **2-3 Min./100°C/Stufe 1.5** aufkochen. Sobald die Sauce andickt, Thermomix stoppen.

Sauce mit den gegarten Nudeln und etwas Nudelwasser (2 EL) vermengen und servieren.

Pro Port. (4): 186 kcal | 26 g KH | 4 g EW | 7 g Fett

Lecker zu
Ramen

Tipp

Je nach gewünschter Konsistenz können Sie noch heiße Hühnerbrühe zugießen. Servieren Sie dazu ein gekochtes Ei und bestreuen Sie die Ramen mit etwas Sesam und Frühlingszwiebelringen.

Pimp your Pasta
TOPPINGS

Z.B. MIT ...

- **GERÖSTETEN PINIENKERNEN**
- **GERIEBENEM PARMESAN**
- **OFENTOMATEN** (siehe S. 45)
- **RUCOLA**
- **FRISCHEN KRÄUTERN**

Burrata

Perfekt zu Tomatensaucen passt Burrata. Burrata ist eine Sonderform des Mozzarella und wird überwiegend aus Kuhmilchkäse hergestellt. Im Kern ist die Kugel sehr cremig und lässt sich gut mit Pasta mischen.

Knusper-Zucchini

UND SO GEHT'S:

Zucchini in dünne Streifen schneiden und mit etwas Olivenöl in einer Pfanne braten. Semmelbrösel zugeben und alles ca. 2 Min. knusprig anbraten. Mit Salz und Pfeffer würzen.

Mediterranes Feta-Topping

UND SO GEHT'S:

1/2 rote Peperoni klein hacken. Feta ebenso mit einem Messer klein hacken.
1 TL Kräuter der Provence zugeben und vermengen. Über die fertige Pasta streuen.

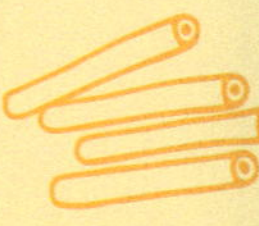